もくじ

数の理解

例題 ▸▸▸ **奇数・偶数ナンプレ**

① マス目のタテとヨコ、⬭の数字が入ります。

② □には奇数（2で割り切れない数）が、〇には偶数（2で割り切れる数）が入ります。

③ それぞれのタテの列とヨコの列の中で、入れる数字がかぶらないように、数字を書き入れましょう。

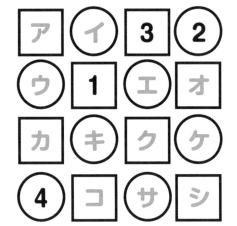

アとイのヨコ列にはすでに2と3があるのでア＝1、イ＝4だとわかります。さらにアのタテ列には4があるので、ウ＝2だとわかります。同じように、ヨコ列、タテ列で数字がかぶらないように入れていきます。

ア＝1、イ＝4、ウ＝2、エ＝4、オ＝3、カ＝3、キ＝2、ク＝1、ケ＝4、コ＝3、サ＝2、シ＝1

奇数・偶数ナンプレ

〔すうじ〕〔くう〕
の数字を空らんに入れましょう。

① □には1、3、5が、〇には2、4、6が入ります。

② それぞれタテの列とヨコの列の中で、入る数字がかぶら
ないように、数字を書き入れましょう。

〔もんだい〕
問題1   1、2、3、4

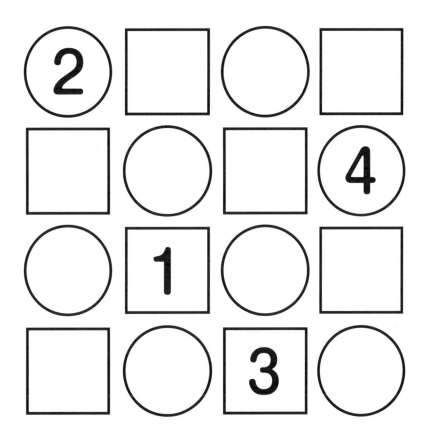

問題 2 1、2、3、4

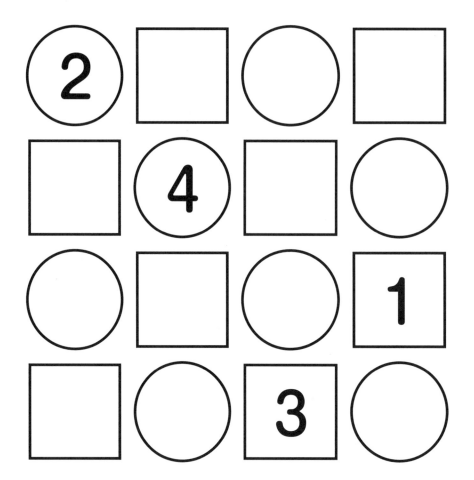

問題3　1、2、3、4

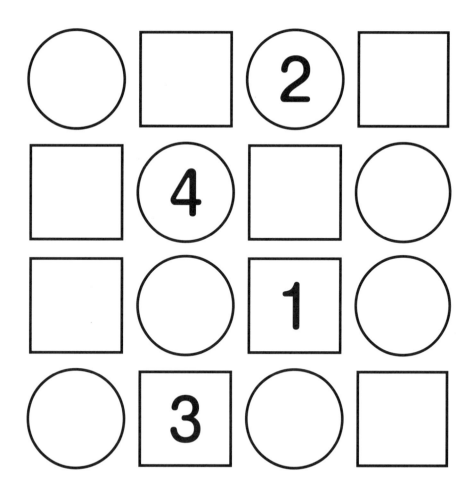

奇数・偶数ナンプレ

問題4 1、2、3、4

	2	○	3
2			○
	○	2	
○	1		2

問題5　1、2、3、4、5

		④		
				5
	3			②
1			②	

レベル
★★

問題6　1、2、3、4、5

			3	2
5				
	3	1		
				3

問題7　1、2、3、4、5

□	□	②	○	5
④	□	□	□	○
□	○	□	○	3
○	3	○	5	□
□	○	5	□	○

奇数・偶数ナンプレ

問題8　1、2、3、4、5

○	②	□	5	□
□	□	○	□	②
□	○	5	○	□
3	□	○	○	□
②	□	□	□	○

問題9　1、2、3、4、5、6

1	◯	□	◯	□	6
6	□	◯	1	◯	□
□	4	□	◯	□	◯
◯	□	◯	□	2	□
□	◯	3	◯	□	◯
◯	5	◯	□	◯	□

奇数・偶数ナンプレ

問題10 | 1、2、3、4、5、6

3	○	□	□	○	○
□	□	○	4	□	○
2	□	○	□	○	□
○	○	□	5	□	○
○	○	□	○	□	1
□	□	6	○	○	□

問題 11　　1、2、3、4、5、6

□5	○	□	○6	□	○
○	□	○4	□	○2	□
□	○	□1	○4	□	○
○	□3	○	□	○	□5
□1	○4	□	○	□	○
○	□	○	□	○4	□3

3色めいろ

スタートから □→□→□→□→…… という順番に進み、ゴールを目指しましょう。ただし、ナナメには進めません。

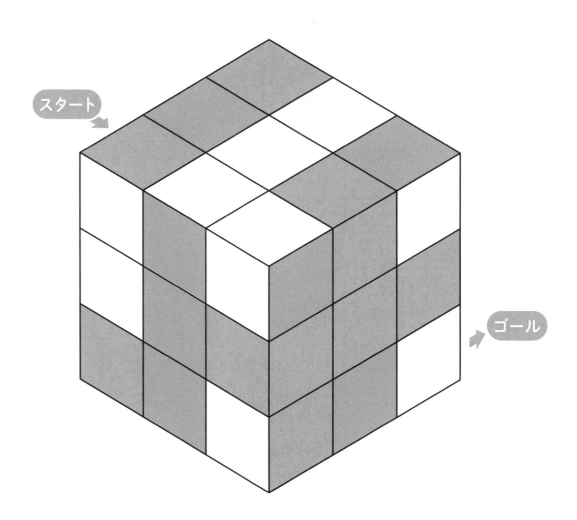

パズルのピース

3つのピースがぬけているジグソーパズルがあります。
のこりの部分にピッタリと当てはまるピースの組み合わせは A 〜 D
のどれでしょう。（A 〜 D のピースは回転している場合もあります。）

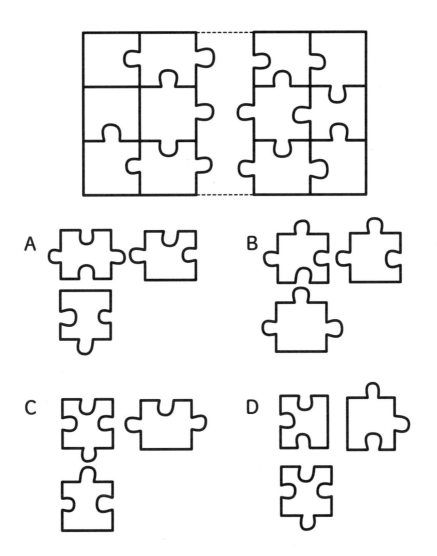

たすと同じになる数はどれ?

の数字をすべて使って、□ に数字を入れましょう。それぞれの ◯ の中の数字をたすと、答えがすべて同じ数になります。同じ数字は一度しか使えません。

1、2、3、4、5

1

ア

4

イ

ウ

① それぞれの ◯ の中の数字をたすと、次の3つの式ができます。

$1 + 4 + ア = ?$　　$ア + イ = ?$　　$4 + ウ = ?$

② ?は同じ数字になるので、アとウでは、アの方がウより1小さいことがわかります。残りの数字は2と3と5の3つです。3つのうち、差が1の組み合わせは2と3なので、ア＝2、ウ＝3、残ったイ＝5ということになります。

※アが重なっているので、1+4 ＝イとも考えることができます。

たすと同じになる数はどれ？

の数字をすべて使って、□に数字を入れましょう。

① それぞれの ⬭ の中の数字をたして、答えがすべて同じ数になるようにしましょう。

② 同じ数字は一度しか使えません。

問題1 1、4、6、8、10

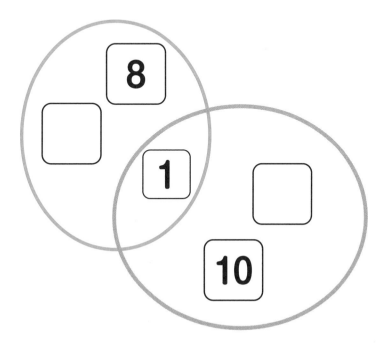

たすと同じになる数はどれ？

問題2 1、2、3、4

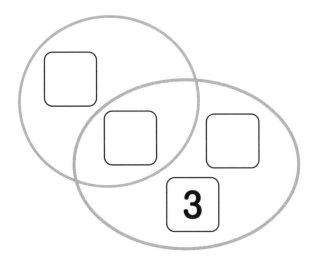

問題3 1、2、3、4、5、6

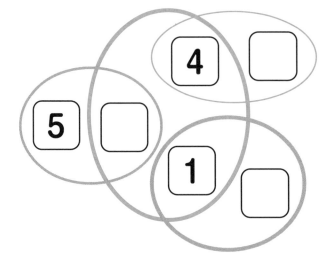

たすと同じになる数はどれ？

問題4　1、2、3、4、5、6

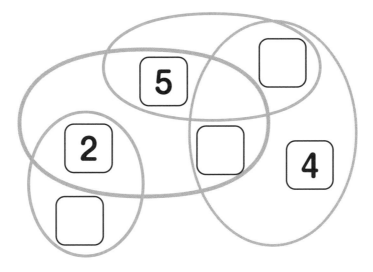

問題5　1、2、3、4、5、6

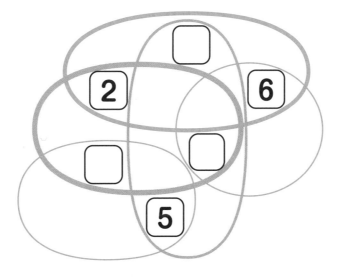

問題6

1、2、3、4、5、6、7

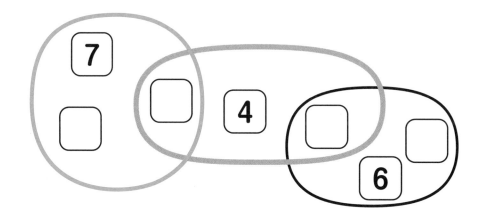

問題7

1、2、3、4、5、6、7

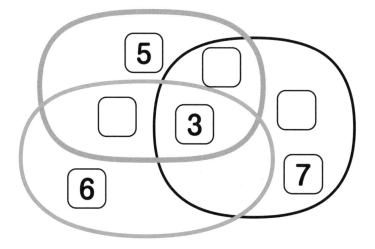

たすと同じになる数はどれ？

問題 8　1、2、3、4、5、6

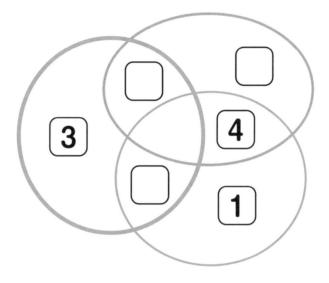

問題 9　1、2、3、4、5、6、7

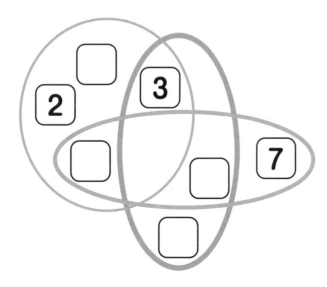

問題10 | 1、2、3、4、5、6、7

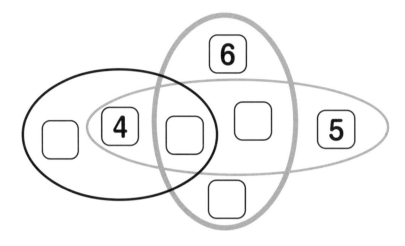

問題11 | 3、4、5、6、7、8、9

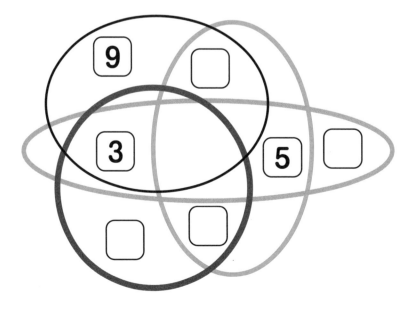

たすと同じになる数はどれ？

問題 12　2、4、6、8、10、12

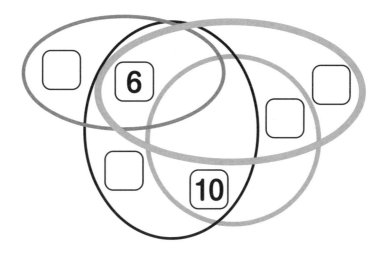

問題 13　1、3、5、7、9、11、13

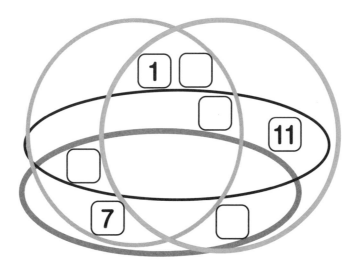

問題 14 2、4、6、8、10、12

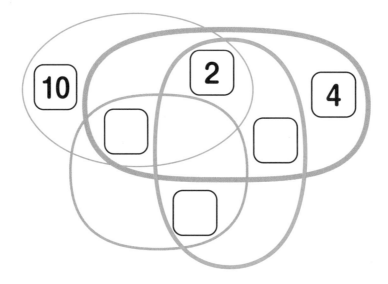

問題 15 1、3、5、7、9、11、13

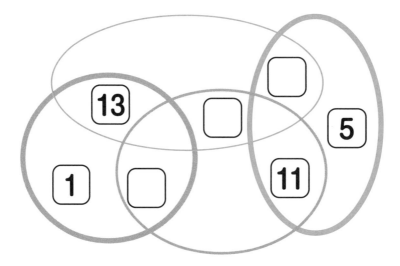

たすと同じになる数はどれ？

問題 16　1、2、3、4、5、6、7、8、9、10

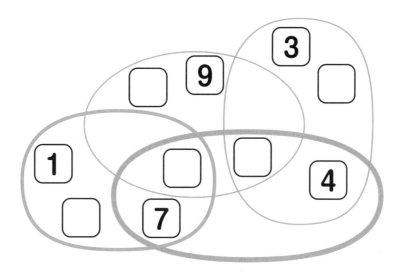

問題 17　1、2、3、4、5、6、7、8、9、10

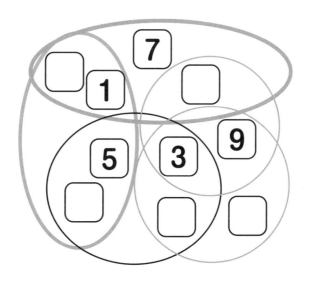

重なってるところが多いわっかに注目してみて！

たすと同じになる数はどれ？

問題 18 1、2、3、4、5、6、7、8、9、10

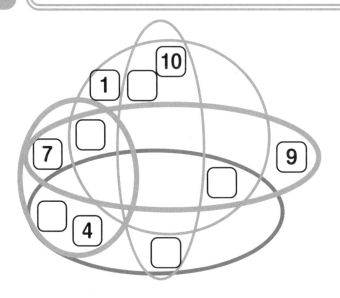

問題 19 1、2、3、4、5、6、7、8、9、10

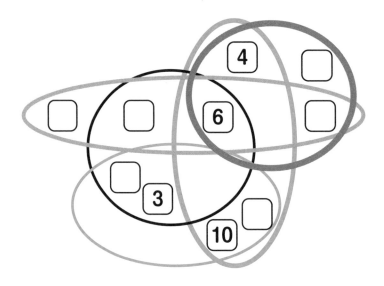

たすと同じになる数はどれ？

問題 20 1、2、3、4、5、6、7、8、9、10

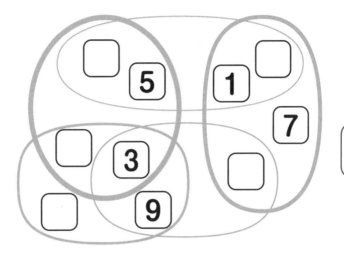

5　1　7　3　9

3+9=12 と同じに
なるのはどこかな？

問題 21 1、2、3、4、5、6、7、8、9、10

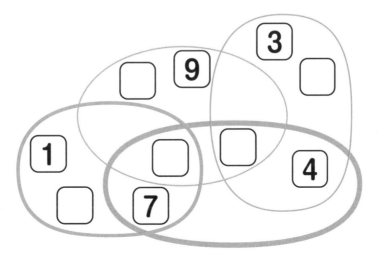

3　9　1　7　4

— 27 —

3色めいろ

スタートから □→□→□→□→…… という順番に進み、ゴールを目指しましょう。ただし、ナナメには進めません。

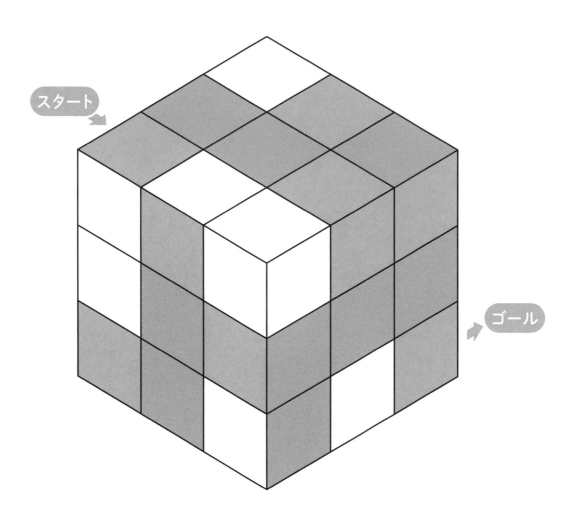

スタート

ゴール

ひらめき体操パズル

パズルのピース

3つのピースがぬけているジグソーパズルがあります。
のこりの部分にピッタリと当てはまるピースの組み合わせはA〜D
のどれでしょう。（A〜Dのピースは回転している場合もあります。）

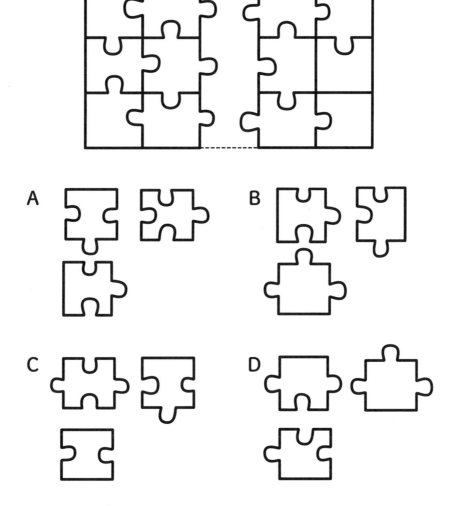

例題 ▸▸▸ むしくい筆算

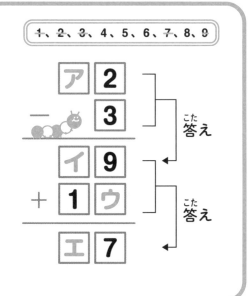

右の「むしくい筆算」を完成させましょう。

□に 1、2、3、4、5、6、7、8、9 の数字を入れて、2つの筆算を成り立たせましょう。すべての数字を使わなくてもよいですが、同じ数字は一度しか使えません。ただし、すでに入っている数字もあります。

考えやすいところから考えていきましょう。

ウは、9をたして一の位が7になる数字なので、8だとわかります。**ア**と**イ**について考えます。2－3は繰り下がりのあるひき算なので、**イ**は、**ア**よりも1だけ小さいです。残っている数字のうち当てはまる組み合わせは、（**ア**、**イ**）＝①（6、5）と②（5、4）です。次に、**イ**と**エ**について考えます。9＋18は繰り上がりのあるたし算なので、1＋**イ**＋1＝**エ**となり、**エ**は**イ**より2大きい数になることがわかります。残っている数字のうち、当てはまる組み合わせは（**イ**、**エ**）＝（4、6）のみです。**イ**＝4なので、**ア**と**イ**の組み合わせは、②（5、4）だとわかります。**ア**＝**5**、**イ**＝**4**、**ウ**＝**8**、**エ**＝**6**

むしくい筆算

の数字を□の中に入れて、「むしくい筆算」を完成させましょう。

① すべての数字を使わなくてもよいですが、同じ数字は一度しか使えません。

② すでに入っている数字もあります。

問題1　　1、2、3、4、5、6、7

筆算の数：1つ

```
    □ 2
 +  3 □
 ─────
    □ 7
```

むしくい筆算

問題2　1、~~2~~、3、4、5、~~6~~、~~7~~、8

ひっさん かず
筆算の数：1つ

$$
\begin{array}{r}
7\ \square \\
+\ \square\ 2 \\
\hline
\square\ \square\ 6
\end{array}
$$

問題3　1、~~2~~、~~3~~、4、5、6、~~7~~

ひっさん かず
筆算の数：1つ

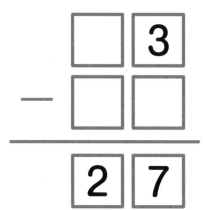

$$
\begin{array}{r}
\square\ 3 \\
-\ \square\ \square \\
\hline
2\ 7
\end{array}
$$

むしくい筆算

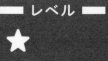

問題4　0、1、2、~~3~~、4、~~5~~、~~6~~、7、~~8~~

筆算の数：1つ

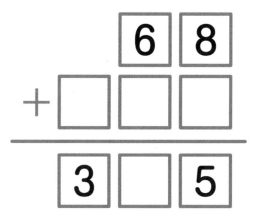

問題5　~~1~~、~~2~~、3、~~4~~、5、6、~~7~~、~~8~~

筆算の数：1つ

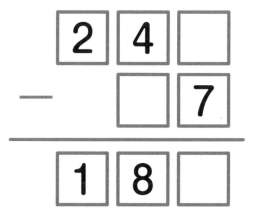

むしくい筆算

問題6 1、2、3、4、5、6、7、8、9

筆算の数：1つ

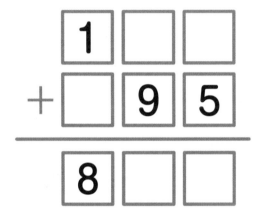

問題7 1、2、3、4、5、6、7、8、9

筆算の数：1つ

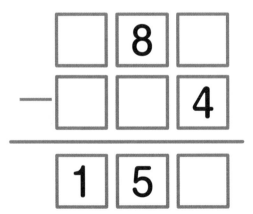

むしくい筆算

問題8

0、1、2、3、4、5、6、7、8、9

筆算の数：2つ

```
    □ 0
−   □ □
───────
    5 8
+   □ □
───────
    9 □
```

問題9

0、1、2、3、4、5、6、7、8、9

筆算の数：2つ

```
   8 □
 −   □ □
 ─────────
   2 7
 +   □ □
 ─────────
   □ 6
```

十の位には、
0 は入らないよ！

— 36 —

問題10

0、1、2、3、4、5、6、7、8、9

筆算の数：2つ

$$
\begin{array}{r}
\square\square \\
+\ 6\ 5 \\
\hline
\square\square\square \\
-\ \square\square \\
\hline
4
\end{array}
$$

ひき算の筆算には
2つの繰り下がりが
あるよ

むしくい筆算

問題11

1、2、3、4、~~5~~、6、~~7~~、~~8~~、9

筆算の数：3つ

```
    5
+   □
―――――
    □

+   8
―――――
  □ 7

+   □
―――――
  □ □
```

むしくい筆算

問題12   1、2、3、4、5、6、7、8、9

筆算の数：3つ

		1
−	□	□

□

		□
+		2

		□
+		□

9

問題13

1、2、~~3~~、4、5、6、7、~~8~~、9

筆算の数：3つ

$$
\begin{array}{r}
8 \\
- \quad \square \\
\hline
\square \\
- \quad \square \\
\hline
3 \\
+ \quad \square\square \\
\hline
\square\square
\end{array}
$$

問題14

1、2、3、4、5、6、~~7~~、8、~~9~~

筆算（ひっさん）の数（かず）：3つ

$$
\begin{array}{r}
\boxed{}\ \boxed{} \\
-\quad \boxed{}\ \boxed{9} \\
\hline
\boxed{} \\
+\quad \boxed{} \\
\hline
\boxed{} \\
-\quad \boxed{} \\
\hline
\boxed{7}
\end{array}
$$

ひらめき体操パズル

3色めいろ

スタートから □ ➡ □ ➡ □ ➡ □ ➡ …… という順番に進み、ゴールを目指しましょう。ただし、ナナメには進めません。

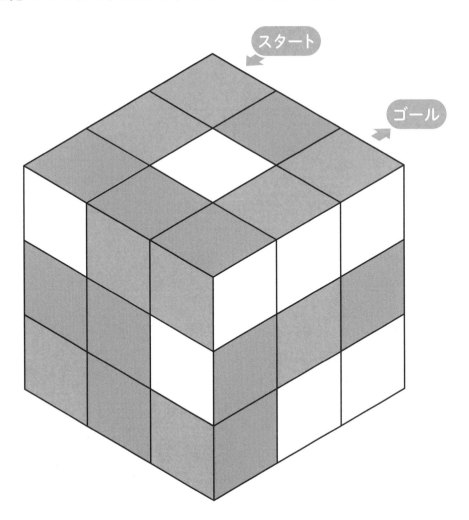

ひらめき体操パズル

パズルのピース

3つのピースがぬけているジグソーパズルがあります。
のこりの部分にピッタリと当てはまるピースの組み合わせはA～D
のどれでしょう。（A～Dのピースは回転している場合もあります。）

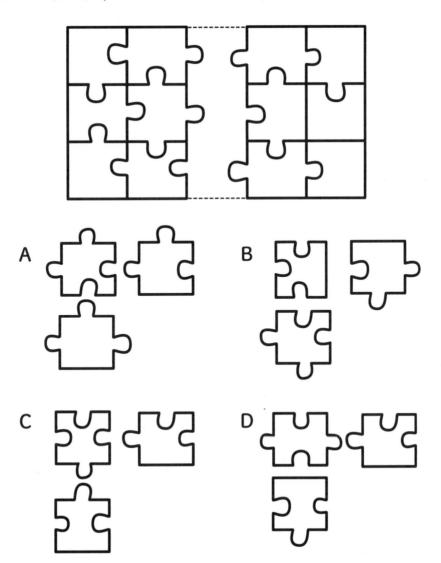

例題 ▸▸▸ てんびんで重さくらべ

[　　　　] の数字を空らんに入れましょう。

てんびんの□の中には1、3が、○の中には2、4が入ります。
真ん中の数字は左右の数の差を表しています。下のてんびん
の空らんに1〜4の数を入れてみましょう。

1、2、3、4

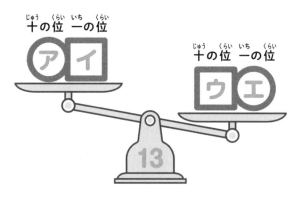

十の位 一の位
ア イ

十の位 一の位
ウ エ

13

数の大小を比べます。

① 右側のお皿が下がっているので、右側の数字の方が大きいことが
わかります。「右側の数」ー「左側の数」＝ 13

② アは○なので、2か4が、ウは□なので1か3が入りますが、
1を入れた場合、アに2か4どちらを入れても、右側のお皿の方
が小さくなってしまうので、ウには3が入ります。
すると、ウー1＝アなので、アには2が入るとわかります。

③ 最後に、残ったイとエにそれぞれ1と4を入れて完成です。

てんびんで重さくらべ

の数字を空らんに入れましょう。

① □ には 1 、 3 、 5 、 7 が、 ○ には 2 、 4 、 6 、 8 が入ります。

② 真ん中の数は、左右の皿の差を表しています。

③ 皿が下がっている方が大きい数です。

④ 使わない数字もあります。

⑤ 同じ数字は一度しか使えません。

問題1　2、3、4、5

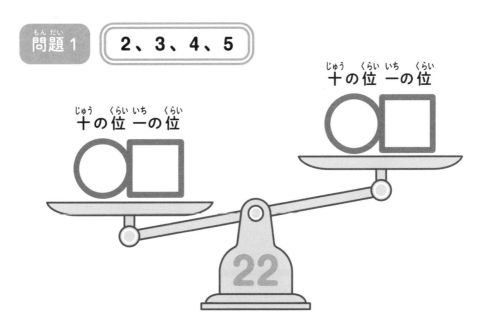

てんびんで重さくらべ

問題 2　2、3、4、5

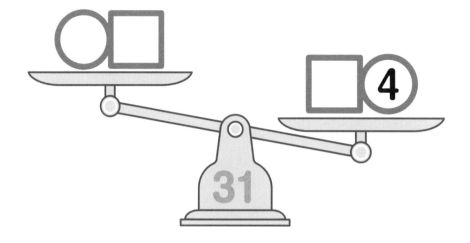

問題 3　1、2、3、4

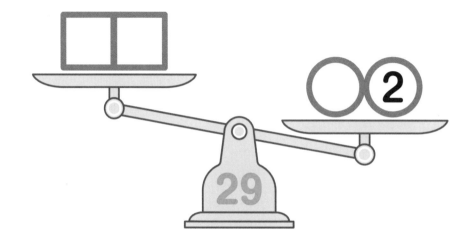

問題 4

1、2、3、4、5

問題 5

1、2、3、4、5

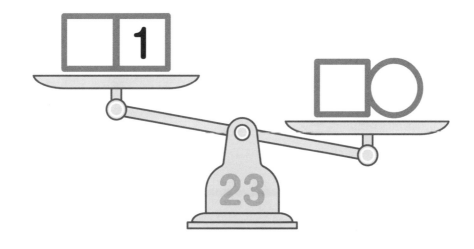

問題6 1、2、3、4、5

問題7 1、2、3、4、5

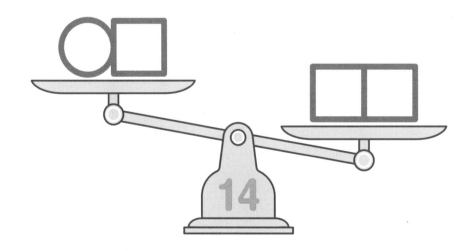

てんびんで重さくらべ

レベル ★★

問題8 1、2、3、4、5、6

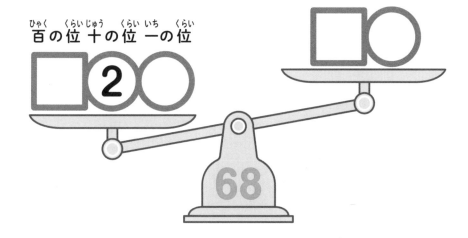

百の位 十の位 一の位

問題9 1、2、3、4、5、6

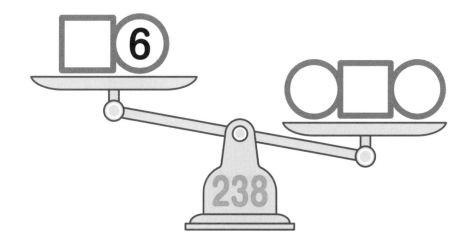

てんびんで重さくらべ

問題10　2、3、4、5、6

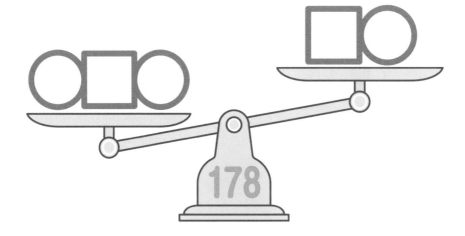

問題11　2、3、4、5、6、7

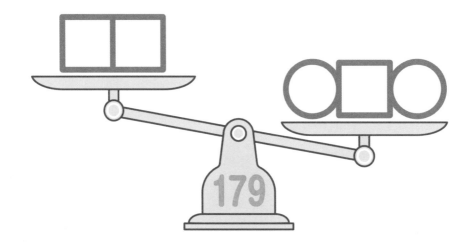

てんびんで重さくらべ

問題12 1、2、3、4、5、6

問題13 1、2、3、4、5、6

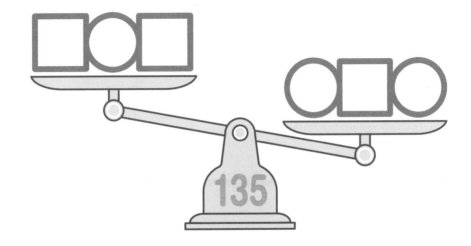

てんびんで重さくらべ

問題14　1、2、3、4、5、6、7

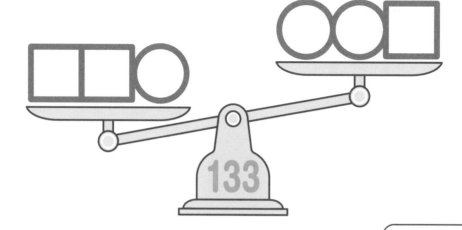

繰り下がりがあるか、書き出すとわかりやすいよ！

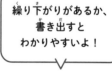

問題15　1、2、3、4、5、6、7

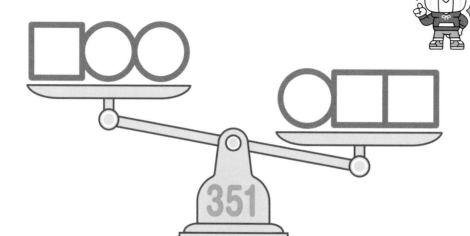

問題 16　3、4、5、6、7、8

問題 17　3、4、5、6、7、8

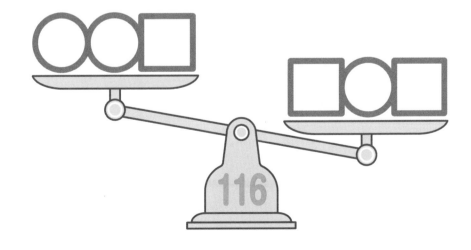

てんびんで重さくらべ

問題18　　1、2、3、4、5、6

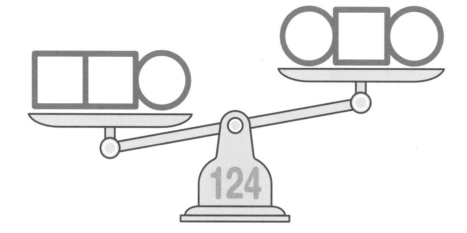

問題19　　1、2、3、4、5、6

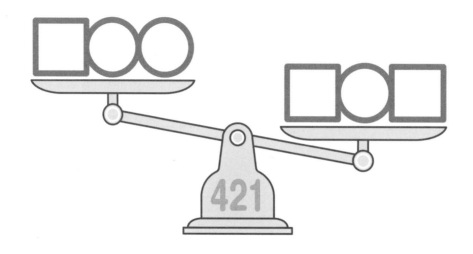

てんびんで重さくらべ

レベル ★★★

問題20　1、2、3、4、5、6

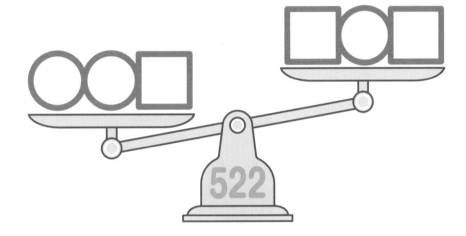

問題21　1、2、3、4、5、6

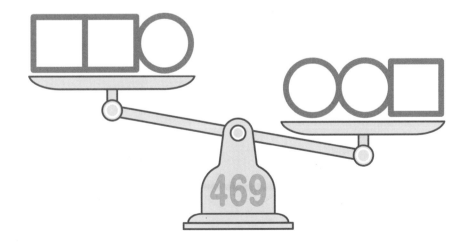

ひらめき体操パズル

3色めいろ

スタートから □→□→□→□→…… という順番に進み、ゴールを目指しましょう。ただし、ナナメには進めません。

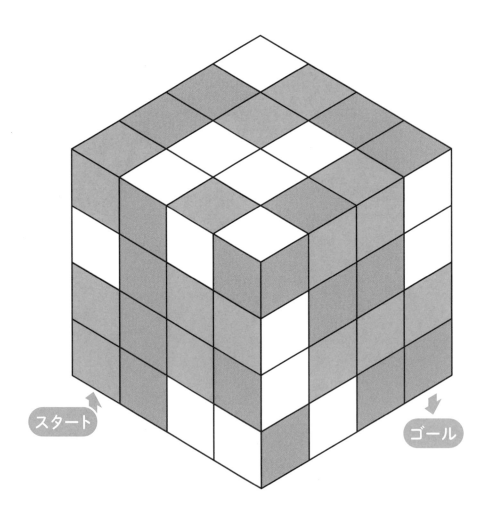

ひらめき体操パズル

パズルのピース

3つのピースがぬけているジグソーパズルがあります。
のこりの部分にピッタリと当てはまるピースの組み合わせはA～D
のどれでしょう。（A～Dのピースは回転している場合もあります。）

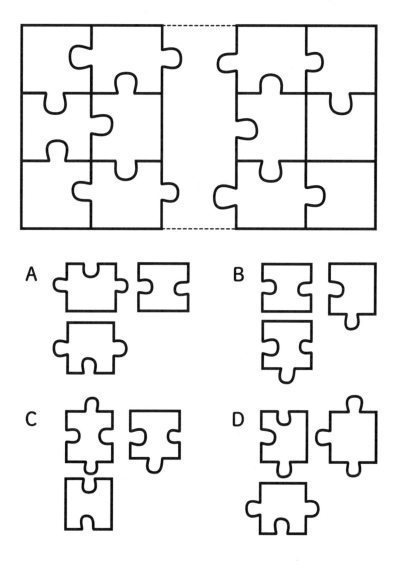

例題 ▸▸▸ ブロック分割

① 〇の中の数字が、素数のかけ算の答えと同じになるように、周りを囲ってブロックを作ります。
② 数字はすべて使います。
　※素数とは、2、3、5、7のように、1とその数をかけたものでしか表せない数のことです（1は含みません）。

15について考えます。
15 = 3 × 5 なので、3、5、⑮を囲みます。
同じように、10 = 2 × 5、21 = 7 × 3 と囲みます。

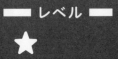
ブロック分割

かけ算の答えが○の数字になるように枠で囲みましょう。
数字はすべて使いましょう。

問題1

5	**15**	2
3	5	**10**
3	**21**	7

問題2

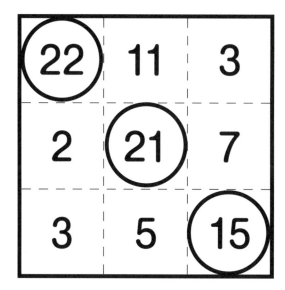

22	11	3
2	21	7
3	5	15

問題3

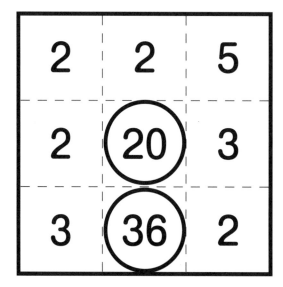

2	2	5
2	20	3
3	36	2

問題4

36	2	3
2	2	2
3	5	20

問題5

3	7	7
2	42	2
2	2	56

問題6

5	2	2
2	(24)	3
3	(30)	2

問題7

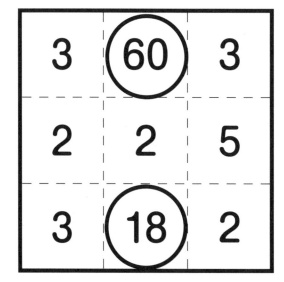

3	(60)	3
2	2	5
3	(18)	2

問題8

2	3	3	2
2	⑧	⑱	2
2	5	3	2
7	㉟	3	㊱

問題9

3	(12)	3	(24)
2	5	2	(14)
2	2	2	7
2	(20)	2	2

問題10

2	2	16	3
2	3	3	63
2	30	7	5
2	5	7	35

問題 11

5	3	2	5
2	(36)	(35)	7
2	2	3	3
2	(40)	(9)	3

問題 12

2	54	2	3	3
3	7	2	36	3
3	3	56	2	3
72	2	2	18	2
2	2	3	2	3

もんだい
問題 13

2	(24)	2	(36)	3
2	7	3	2	2
(40)	2	(84)	3	2
5	2	3	2	5
2	3	(60)	2	2

ブロック分割

問題14

3	(90)	2	7	2
5	2	3	2	(42)
(48)	2	3	5	3
2	7	3	2	(60)
2	(84)	3	2	2

ひらめき体操パズル

3色めいろ

スタートから □→■→□→■→…… という順番に進み、ゴールを目指しましょう。ただし、ナナメには進めません。

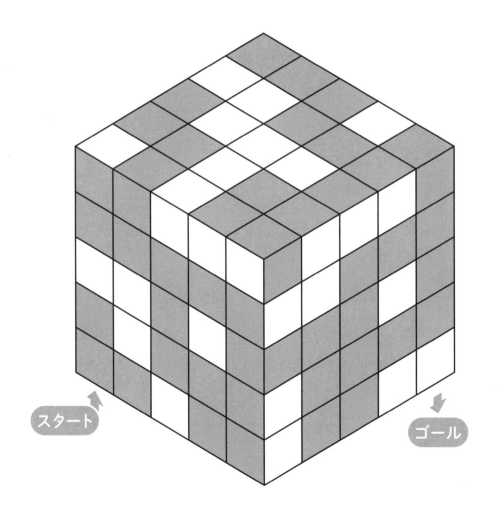

スタート

ゴール

ひらめき体操パズル

パズルのピース

3つのピースがぬけているジグソーパズルがあります。
のこりの部分にピッタリと当てはまるピースの組み合わせはA〜D
のどれでしょう。（A〜Dのピースは回転している場合もあります。）

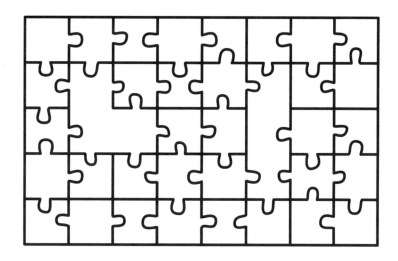

A

B

C

D

どのピースに注目
したらよいか、
考えてみよう！

単元 1

単元 1　問題 1

2	3	4	1
3	2	1	4
4	1	2	3
1	4	3	2

単元 1　問題 2

2	1	4	3
3	4	1	2
4	3	2	1
1	2	3	4

単元 1　問題 3

4	1	2	3
1	4	3	2
3	2	1	4
2	3	4	1

単元 1　問題 4

1	2	4	3
2	3	1	4
3	4	2	1
4	1	3	2

単元 1　問題 5

2	1	4	5	3
3	2	1	4	5
4	3	5	1	2
5	4	2	3	1
1	5	3	2	4

単元 1　問題 6

1	5	4	3	2
5	4	3	2	1
3	2	5	1	4
2	3	1	4	5
4	1	2	5	3

単元 1　問題 7

3	1	2	4	5
4	5	3	1	2
5	4	1	2	3
2	3	4	5	1
1	2	5	3	4

単元 1　問題 8

4	2	3	5	1
5	3	4	1	2
1	4	5	2	3
3	1	2	4	5
2	5	1	3	4

単元1　問題9

1	2	5	4	3	6
6	3	2	1	4	5
3	4	1	6	5	2
4	1	6	5	2	3
5	6	3	2	1	4
2	5	4	3	6	1

単元1　問題10

3	6	5	1	2	4
5	3	2	4	1	6
2	1	4	3	6	5
6	4	1	5	3	2
4	2	3	6	5	1
1	5	6	2	4	3

単元1　問題11

5	2	3	6	1	4
6	5	4	3	2	1
3	6	1	4	5	2
4	3	2	1	6	5
1	4	5	2	3	6
2	1	6	5	4	3

単元1　3色めいろ

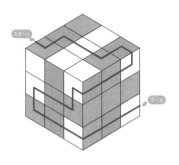

単元1　パズルのピース

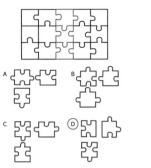

単元 2 ▶▶▶

単元2　問題1

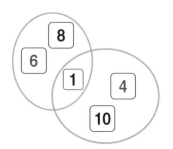

単元2　問題2

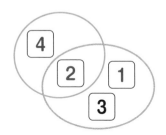

単元2　問題3

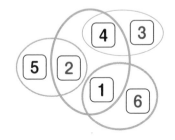

単元2　問題4

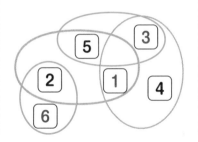

単元2　問題5

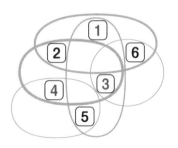

単元2　問題6

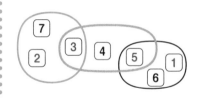

単元2 問題7

単元2 問題8

単元2 問題9

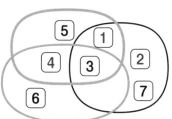

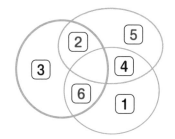

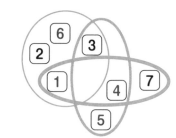

単元2 問題10

単元2 問題11

単元2 問題12

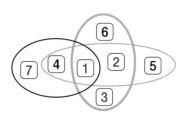

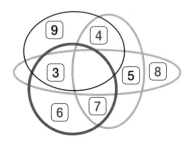

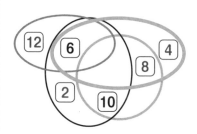

単元2 問題13

単元2 問題14

単元2 問題15

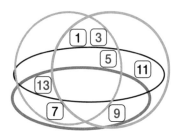

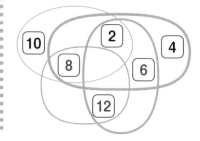

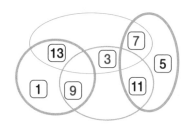

単元2 問題16

単元2 問題17

単元2 問題18

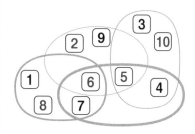

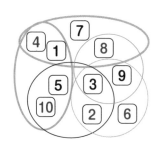

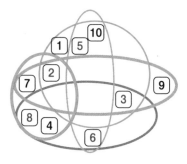

単元2　問題19

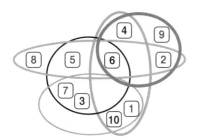

単元2　問題20

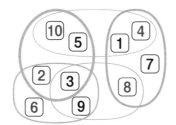

単元2　問題21

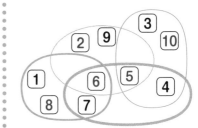

単元2　3色めいろ

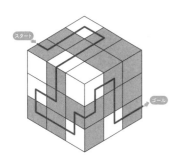

単元2　パズルのピース

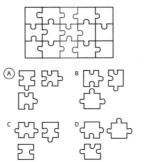

単元 3 ▶▶▶

単元3　問題1

$$
\begin{array}{r}
  1\ 2 \\
+\ 3\ 5 \\
\hline
  4\ 7
\end{array}
$$

単元3　問題2

$$
\begin{array}{r}
  7\ 4 \\
+\ 8\ 2 \\
\hline
1\ 5\ 6
\end{array}
$$

単元3　問題3

$$
\begin{array}{r}
  4\ 3 \\
-\ 1\ 6 \\
\hline
  2\ 7
\end{array}
$$

単元3　問題4

$$
\begin{array}{r}
    6\ 8 \\
+\ 2\ 4\ 7 \\
\hline
  3\ 1\ 5
\end{array}
$$

単元3　問題5

$$
\begin{array}{r}
  2\ 4\ 3 \\
-\ \ \ 5\ 7 \\
\hline
  1\ 8\ 6
\end{array}
$$

単元3　問題6

$$
\begin{array}{r}
  1\ 4\ 2 \\
+\ 6\ 9\ 5 \\
\hline
  8\ 3\ 7
\end{array}
$$

単元 3 問題 7

```
  7 8 3
－ 6 2 4
─────
  1 5 9
```

単元 3 問題 8

```
    7 0
－   1 2
─────
    5 8
＋   3 6
─────
    9 4
```

単元 3 問題 9

```
    8 0
－   5 3
─────
    2 7
＋   1 9
─────
    4 6
```

単元 3 問題 10

```
    3 7
＋   6 5
─────
  1 0 2
－   9 8
─────
      4
```

単元 3 問題 11

```
      5
＋     4
─────
      9
＋     8
─────
    1 7
＋     6
─────
    2 3
```

単元 3 問題 12

```
    7 1
－   6 8
─────
      3
＋     2
─────
      5
＋     4
─────
      9
```

単元 3 問題 13

```
      8
－     1
─────
      7
－     4
─────
      3
＋   5 9
─────
    6 2
```

単元 3 問題 14

```
    4 5
－   3 9
─────
      6
＋     2
─────
      8
－     1
─────
      7
```

単元 3　3色めいろ

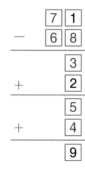

単元 5　パズルのピース

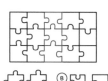

A B C D

単元 4

単元 4 問題 1

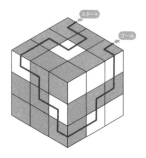

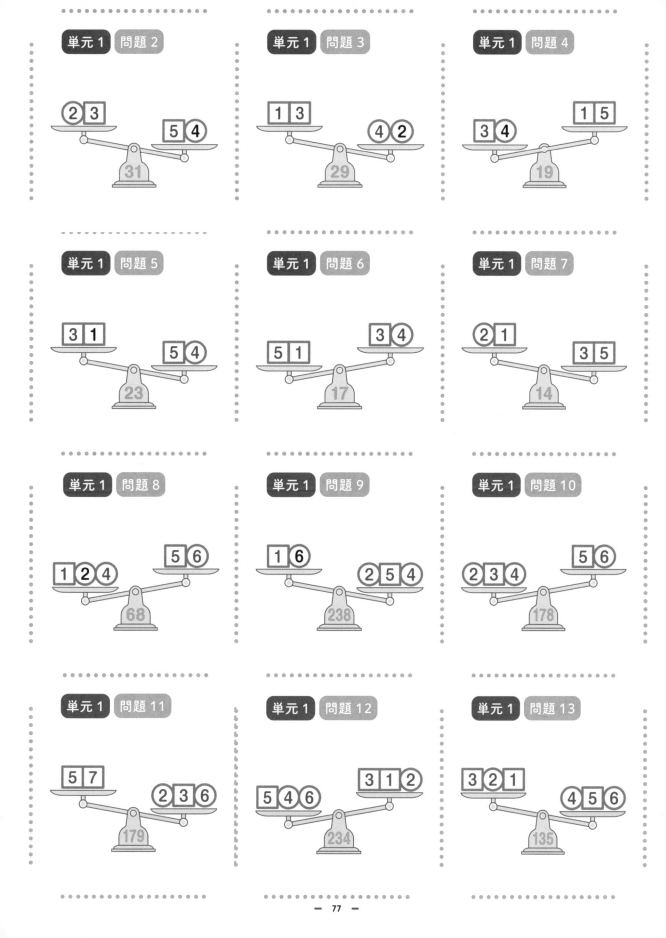

単元1　問題2

単元1　問題3

単元1　問題4

単元1　問題5

単元1　問題6

単元1　問題7

単元1　問題8

単元1　問題9

単元1　問題10

単元1　問題11

単元1　問題12

単元1　問題13

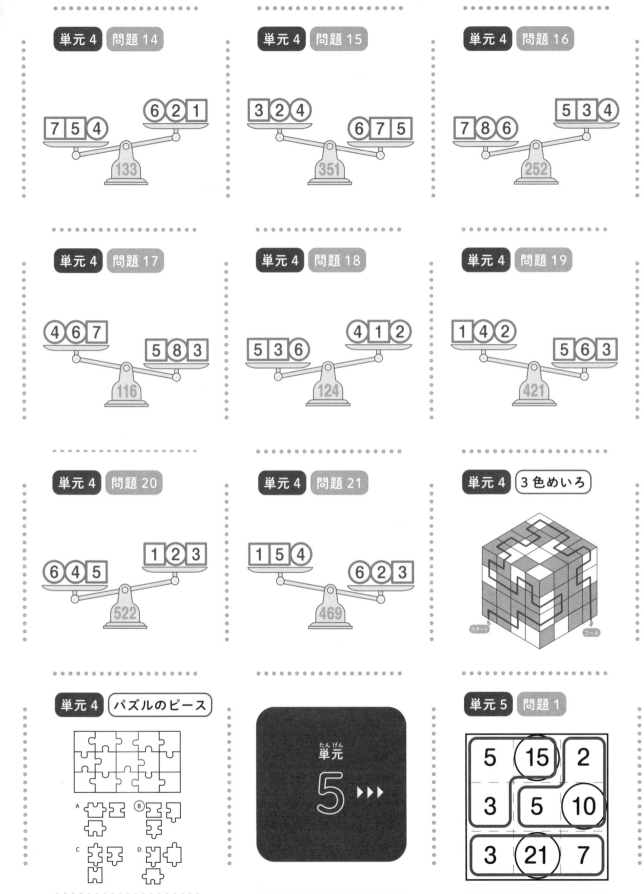

単元 4　問題 14

単元 4　問題 15

単元 4　問題 16

単元 4　問題 17

単元 4　問題 18

単元 4　問題 19

単元 4　問題 20

単元 4　問題 21

単元 4　3色めいろ

単元 4　パズルのピース

単元
5 ▶▶▶

単元 5　問題 1

単元5 問題2

22	11	3
2	21	7
3	5	15

単元5 問題3

2	2	5
2	20	3
3	36	2

単元5 問題4

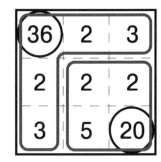

36	2	3
2	2	2
3	5	20

単元5 問題5

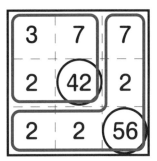

3	7	7
2	42	2
2	2	56

単元5 問題6

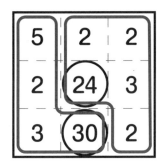

5	2	2
2	24	3
3	30	2

単元5 問題7

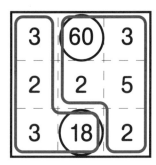

3	60	3
2	2	5
3	18	2

単元5 問題8

2	3	3	2
2	8	18	2
2	5	3	2
7	35	3	36

単元5 問題9

3	12	3	24
2	5	2	14
2	2	2	7
2	20	2	2

単元5 問題10

2	2	16	3
2	3	3	63
2	30	7	5
2	5	7	35

単元5 問題11

5	3	2	5
2	36	35	7
2	2	3	3
2	40	9	3

単元5 問題12

2	54	2	3	3
3	7	2	36	3
3	3	56	2	3
72	2	2	18	2
2	2	2	3	3

単元5 問題13

2	24	2	36	3
2	7	3	2	2
40	2	84	3	2
5	2	3	2	5
2	3	60	2	2

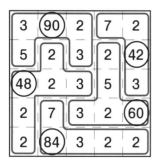

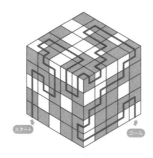

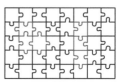